Todos los libros de Linkgua Ediciones cuentan con modelos de Inteligencia Artificial entrenados por hispanistas. Pregúntale al chat de tu libro lo que desees acerca de la obra o su autor/a.

Para ebooks: Accede a nuestro modelo de IA a través de este enlace.

Para libros impresos: Escanea el código QR de la portada con tu dispositivo móvil.

Obtén análisis detallados de nuestros libros, resúmenes, respuestas a tus preguntas y accede a nuestras ediciones críticas generativas para una experiencia de lectura más enriquecedora.
La transparencia y el respeto hacia la autoría de las fuentes utilizadas son distintivos básicos de nuestro proyecto. Por ello, las respuestas ofrecen, mediante un sistema de citas, las fuentes con las que han sido elaboradas.

Pedro Calderón de la Barca

Guardadme las espaldas

Barcelona 2024
Linkgua-ediciones.com

Créditos

Título original: Guardadme las espaldas.

© 2024, Red ediciones S.L.

e-mail: info@Linkgua-ediciones.com

Diseño de cubierta: Michel Mallard.

ISBN rústica ilustrada: 978-84-9816-418-3.
ISBN ebook: 978-84-9953-158-8.

Sumario

Brevísima presentación

La vida

Pedro Calderón de la Barca (Madrid, 1600-Madrid, 1681). España. Su padre era noble y escribano en el consejo de hacienda del rey. Se educó en el colegio imperial de los jesuitas y más tarde entró en las universidades de Alcalá y Salamanca, aunque no se sabe si llegó a graduarse.

Tuvo una juventud turbulenta. Incluso se le acusa de la muerte de algunos de sus enemigos. En 1621 se negó a ser sacerdote, y poco después, en 1623, empezó a escribir y estrenar obras de teatro. Escribió más de ciento veinte, otra docena larga en colaboración y alrededor de setenta autos sacramentales. Sus primeros estrenos fueron en corrales.

Entre 1635 y 1637, Calderón de la Barca fue nombrado caballero de la Orden de Santiago. Por entonces publicó veinticuatro comedias en dos volúmenes y La vida es sueño (1636), su obra más célebre. En la década siguiente vivió en Cataluña y, entre 1640 y 1642, combatió con las tropas castellanas. Sin embargo, su salud se quebrantó y abandonó la vida militar. Entre 1647 y 1649 la muerte de la reina y después la del príncipe heredero provocaron el cierre de los teatros, por lo que Calderón tuvo que limitarse a escribir autos sacramentales.

Calderón murió mientras trabajaba en una comedia dedicada a la reina María Luisa, mujer de Carlos II el Hechizado. Su hermano José, hombre pendenciero, fue uno de sus editores más fieles.

Personajes

Lorenzo
Tres galanes
Inés
Un Valiente
Un Vejete

Acto único

(Salen Lorenzo y el Vejete.)

Vejete   Ceguezuelo rapaz que me desvelas.
            ¿A la vejez viruelas?
            Agora el corazón me has traspasado
            y me tienes de Inés enamorado,
            y por mostrarte en mí más riguroso   5
            haces que esté celoso,
            porque ella, tan liviana, se permite
            que a cuantos hay en el lugar admite.
            Mas yo pienso decille a su marido
            lo que pasa, y que mire por su casa.   10
            Y deste modo, en tantos desconsuelos,
            remediará mis celos con sus celos,
            y me pienso quedar dueño absoluto
            de Inés, y de mi amor coger el fruto,
            porque yo le he criado,   15
            y de mí siempre vive asegurado.
            Mas no sé si ha de hacer lo que conviene
            porque ¡es tan grande tonto! Pero él viene:
            ¡Oh, Lorenzo! Tú seas bienvenido.

Lorenzo   Déjame, porque vengo divertido.   20

(Mirándose las manos.)

Vejete   ¿Qué te miras la mano y qué señalas?

Lorenzo   Cierto que hay en el mundo cosas ralas.

Vejete	Yo no puedo entender lo que te elevas.
Lorenzo	Cada día ve un hombre cosas nuevas.
Vejete	Pues dime qué es sin que el dudar me cueste. 25
Lorenzo	Que aqueste dedo es más chiquito que éste.
Vejete	¿Ahora sales con eso, di, menguado?
Lorenzo	Hasta ahora no lo había reparado.

Vejete   Deja esas boberías, por tu vida,
y advierte que la honra por lo menos   30
te ha de decir lo que avisarte quiero,
y es un caso tan grave y tan severo
que nadie lo ha de oír al referillo.

Lorenzo   Pues yo me voy si nadie no ha de oíllo.

Vejete   Tú sí lo has de escuchar, porque te toca,   35
mas no lo oiga la gente impertinente.

Lorenzo   ¡Válgame Dios! Pues yo también soy gente.

Vejete   Óyeme, tu mujer, es cosa pública
que tiene diez galanes.

Lorenzo   ¿Diez galanes?

Vejete   Lo que oyes. Venga tu honra, que es la mía,   40

y mátalos a todos en un día,
y velos tú pasando, uno por uno,
con esta espada, y tíñela hasta el cabo.

(Dale la espada.)

Lorenzo   Juro a Dios que los pase como un nabo.

Vejete   Mira, tú has de ponerte aquesta noche   45
            al umbral de tu puerta, y uno a uno,
            como fueren llegando,
            ¡zás! con lindo despejo illes pegando,
            y ¡zás! hasta que quedes satisfecho.

Lorenzo   Esto ya me parece que está hecho,   50
            porque si hay alguien que acercarse quiera,
            ¡zás! le pienso pegar desta manera,
            ¡y zás, y zás [...]!

(Da espaldarazos al viejo.)

Vejete   Tente, menguado.

Lorenzo   Mire, so un bercebú si estó enojado.

Vejete   Tú eres cosa perdida,   55
            y fiar de ti nada de provecho
            es grande bobería y es mal hecho.
            Yo te traeré un valiente
            que desde el mismo oriente hasta el poniente
            no hay otro como él, y no te asombres,   60
            que se traga a los hombres

como anises del Duque muy delgados,
y se los va tragando así, a puñados.

Lorenzo   Pues tragaraos a vos, así que os vea,
            porque oléis a diez leguas a grajea.   65

Vejete   Pues yo voy a enviarte este valiente,
            que yo a pagalle desde aquí me obligo.
            Pero mira, Lorenzo, que te digo
            que te estés a la puerta, y no consientas
            que entre ninguno el tiempo que me tarde.   70

Lorenzo   ¿Quién ha de entrar? Callad. Así Dios os guarde.

Vejete   Pues no se entre ninguno. Mas ya viene.
            Inés: haz lo que tanto te conviene,
            que hoy con todos a un tiempo darás cabo.

(Hace que se va y detiénele Lorenzo.)

Lorenzo   No se os olvide de traer el bravo,   75
            porque, después de Dios, ese valiente
            ha de ser mi remedio totalmente.

Vejete   No se me olvidará.

Lorenzo   No por San Pablo.

Vejete   Voyme. No vea Inés que a ti te hablo.

Lorenzo   Con un valiente cobra un hombre brío.   80

(Vase el Viejo, y sale Inés y abraza a Lorenzo y él la quita.)

Inés	Marido de mis ojos, dueño mío,
	abrazadme, abrazadme y reabrazadme.

Lorenzo   Quitaos y requitaos y redejadme.

Inés   Mi bien, mi esposo, mi señor, mi dueño.

Lorenzo   Quitaos allá.

Inés   ¿Pues vos conmigo airado?   85
Sois mi galán, aunque os hacéis de bronce.

Lorenzo   Desa suerte conmigo tenéis once.

Inés   Yo no os entiendo [...].

Lorenzo   Pues yo me entiendo,
que dicen que tenéis tantos galanes
que si ellos fueran pollos de ahechadura,   90
uno por fuerza le tocara al cura.

Inés   ¿Diez os han dicho? ¡Plegue a Dios, marido,
que si tal tengo! no me hagáis que jure

[Aparte.]   (que a vos os lleven cuatro mil demonios)
mas yo soy muy sujeta a testimonios.   95
Cinco sí tengo: el viejo, el forastero,
que ya tiene su hora y yo le espero
esta noche, después de haber entrado
los otros tres que tienen mejor grado.
¡Que tal digan! ¡Qué lenguas hay tan fieras!   100

¿Y lo creéis vos? Soy desgraciada,
y estas cosas me tienen acabada,
sin salud y con sustos infinitos.

Lorenzo   No tenéis ya que hacerme pucheritos,
                 que hoy ha de ver el mundo mi venganza,   105
                 que tengo un hombre yo... (pero callemos
[Aparte.]   honra mía, hasta tanto que os venguemos)
                 y entraos allá, no sean los demonios
                 que os dé con esta espada adredemente.

Inés   Bien sabéis vos que moriré inocente.   110

Lorenzo   Mientras viene el valiente, obre esta espada
                 pero ya tengo moro en la estacada.

(Vase Inés y sale un galán embozado.)

Galán I
[Aparte.]   (Lorenzo está a la puerta, mas no importa:
                 que ha de valerme su simpleza extraña
                 y allá tengo de entrar, que ésta es la maña):   115
                 ¡Ah, Lorenzo! Escúchame atentamente,
                 noble sois, cuerdo sois, y sois valiente
                 yo entro a ver a vuestra esposa, y por si ha habido
                 quien algo le haya dicho a su marido,
                 pues sois mi amigo, y de vos me valgo,   120
                 guardadme las espaldas, que ya salgo.

(Vase.)

Lorenzo   Ve aquí un empeño bien enfecultoso:

la amistad de un amigo aquí me llama
y a esotra parte mi deshonra clama;
pues venza la amistad eternamente   125
pues soy noble, soy cuerdo y soy valiente.

(Sale el segundo Galán.)

Galán II
[Aparte.]   (A su puerta está puesto, mas no importa):
                ¡Ah, hidalgo! Pues que veis que me resuelvo,
                no me entre nadie aquí, que luego vuelvo.

(Entrase por la puerta que el primer Galán entró.)

Lorenzo   ¡Ah, caballero, advierta, çé, a quien digo!   130
                mire usté que allá dentro está un amigo
                que me dijo que aquí estuviese alerta.

(Sale el Galán primero riñendo con el Gracioso.)

Galán I   ¡Muy lindo modo de guardar la puerta!

(Vase.)

Lorenzo   No hay sino dar y echar por esos trigos,
                ¿pues qué he de hacer si todos son amigos?   135

(Sale el Galán tercero.)

Galán III   Oíd estas razones, reparaldas,
                mientras salgo, guardadme las espaldas.

Lorenzo	La cuenta de los diez ya sale cierta.

(Éntrase el tercero Galán, por la puerta que los otros, y sale el segundo.)

Galán II	¡Muy lindo modo de guardar la puerta!

Lorenzo
Señores, yo soy solo y no es posible;   140
hacer más que por uno es imposible,
y aunque hago cuanto puedo por servillos,
al cabo, al cabo, sin poder valerme,
después de rempujarme y de molerme,
se entren sin más ni más propios y extraños.   145
Parezco mayordomo en día de años:
pero de esta vez mi honra
va perdida y rematada
si no viene aquel valiente
que me ayude a rescatalla.   150
¡Ay! Dios le traiga con bien
y las benditísimas ánimas.

(Salen el Vejete y un Valiente muy guapo.)

Vejete
Haga ucé lo que le digo,
que aún mayor será la paga.

Valiente
Pues despachemos aprisa   155
porque una mujer me aguarda,
y se ha de cumplir [...] todo.

Vejete
¡Válgame Dios! Poco falta.

(Dale un bolsillo.)

¡Ah, Lorenzo! Ya te traigo
conmigo la flor de España,   160
y el que ha de satisfacerte.

Lorenzo   Padre mío de mi alma
             y honra mía.

Valiente   Aquí no hay más
             sino andar y Santas Pascuas.

Vejete   Dime ¿a ver a tu mujer   165
             ha entrado alguno en tu casa?

Lorenzo   No es mujer que se descuida,
             ya tiene muy buena entrada.

Vejete   No importa, porque aquí está
             quien no dejará tajada   170
             de todos.

Valiente   Déjelo ucé,
             que en fin, ucé es camarada.

Lorenzo   Ya yo sé que ucé es ucé,
             y que el ser ucé le basta.

Valiente   ¿Y cuántos hombres son estos   175
             que he de matar? Porque vaya,
             con que si no son cincuenta,
             con menos no hacemos nada,

y me iré si no son tantos.

Lorenzo	Pues en conciencia jurada,	180
	que lo que es a la hora de ahora	
	desprevenidos nos halla,	
	que cuanto muchos son diez	
	mas usté supla las faltas.	

Valiente	Esto es muy poco, y me voy	185
	si no es mayor la matanza.	

Lorenzo	Mate usté a este vejete
	y no se hable más palabra.

Vejete	¿Que me mate a mí? ¿Estás loco?

(Éntrase.)

Valiente	Pero por ser gente honrada	190
	me allanaré a cualquier cosa.	

Lorenzo	Dios me guarde a uced, por tantas
	mercedes como me hace,
	que no podré pagallas
	en mi vida.

Valiente	Fíe de mí,	195
	que me he inclinado a su causa,	
	cuanto mis fuerzas alcanzan,	
	y esto va en inclinaciones.	

Lorenzo	Sí, señor, uced lo haga

	lo mojer que osté supiere,	200
	pues pongo mis esperanzas	
	en vusté.	

Valiente	Es un cuitado

y hoy verá como una plata
su honra.

Lorenzo   Yo así lo creo.

Valiente   Algún Ángel con él habla: 205
mire, el hombre más dichoso
es que ha habido en [...] España
en haberme a mí traído.
Una, dos, tres, cuatro casas:
aquesta es si no me engaño   210
y porque en la cuenta vaya
¿no es ésta su casa?

Lorenzo   Sí.

Valiente   ¿Y cuántos dentro se hallan?

Lorenzo   Tres hay dentro, y buen provecho.

Valiente   Pues la cuenta está ajustada.   215
Agora me sigo yo,
guardadme vos las espaldas.

(Vase.)

(Sale el Vejete.)

Vejete	¿Qué es aquesto?

Lorenzo	Que al valiente	
	se le ha llegado su tanda,	
	y por no perder su turno	220
	se ha entrado agora en mi casa.	

Vejete	Esa es gran bellaquería:	
	dadme, Lorenzo, esa espada,	
	que ya no puede mi enojo	
	sufrir desvergüenza tanta.	225
	A todos he de matallos,	
	y porque en la cuenta vaya,	
	¿cuántos están dentro?	

Lorenzo	Cuatro.

Vejete	Pues la cuenta está ajustada,	
	agora me sigo yo:	230
	guardadme vos las espaldas.	

Lorenzo	¿De manera que son cinco	
	los que han entrado en mi casa?	
	Pues ahora me sigo yo	
	y pues que todos me faltan,	235
	al auditorio suplico	
	que me guarde las espaldas.	

(Sale el Galán primero.)

Galán I	¿A dónde va el mentecato?

Lorenzo	Señor, voyme noramala,
	que no pretendo estorbar. 240

Galán I	¡Vaya el simple, vaya, vaya!

(Dale de palos.)

Lorenzo	Bien el refrán se ha cumplido,
	que los palos me faltaban.

(Sale Inés.)

Inés	Baila, Lorenzo, conmigo
	y así cesará la chanza. 245

Lorenzo	Y mandábanle bailar
	como quien no dice nada.

Libros a la carta

A la carta es un servicio especializado para
empresas,
librerías,
bibliotecas,
editoriales
y centros de enseñanza;
y permite confeccionar libros que, por su formato y concepción,
sirven a los propósitos más específicos de estas instituciones.

Las empresas nos encargan ediciones personalizadas para marketing editorial o para regalos institucionales. Y los interesados solicitan, a título personal, ediciones antiguas, o no disponibles en el mercado; y las acompañan con notas y comentarios críticos.

Las ediciones tienen como apoyo un libro de estilo con todo tipo de referencias sobre los criterios de tratamiento tipográfico aplicados a nuestros libros que puede ser consultado en Linkgua-ediciones.com .

Linkgua edita por encargo diferentes versiones de una misma obra con distintos tratamientos ortotipográficos (actualizaciones de carácter divulgativo de un clásico, o versiones estrictamente fieles a la edición original de referencia).

Este servicio de ediciones a la carta le permitirá, si usted se dedica a la enseñanza, tener una forma de hacer pública su interpretación de un texto y, sobre una versión digitalizada «base», usted podrá introducir interpretaciones del texto fuente. Es un tópico que los profesores denuncien en clase los desmanes de una edición, o vayan comentando errores de interpretación de un texto y esta es una solución útil a esa necesidad del mundo académico.

Asimismo publicamos de manera sistemática, en un mismo catálogo, tesis doctorales y actas de congresos académicos, que son distribuidas a través de nuestra Web.

El servicio de «libros a la carta» funciona de dos formas.

1. Tenemos un fondo de libros digitalizados que usted puede personalizar en tiradas de al menos cinco ejemplares. Estas personalizaciones pueden ser de todo tipo: añadir notas de clase para uso de un grupo de estudiantes, introducir logos corporativos para uso con fines de marketing empresarial, etc. etc.

2. Buscamos libros descatalogados de otras editoriales y los reeditamos en tiradas cortas a petición de un cliente.

LK

www.ingramcontent.com/pod-product-compliance
Lightning Source LLC
Chambersburg PA
CBHW020449030426
42337CB00014B/1477